26 Janvier

CATALOGUE

DES

OBJETS D'AMEUBLEMENT

ET CURIOSITÉS

Objets de vitrine, Boîtes, Bijoux, Sculptures, Porcelaines

Miniatures par J. Isabey

TABLEAUX, DESSINS, GOUACHES

PAR DIAZ, PORTAIL, CARESME

BRONZES D'ART ET D'AMEUBLEMENT

Pendules, Cartels, Chenets, Appliques Louis XVI
Statuettes et Groupes en bronze, Pendules Louis XV, Petits lustres

MEUBLES

Meuble de Salon couvert en tapisserie d'Aubusson
Sièges, Coffre vénitien, Grande Armoire flamande
Meuble Renaissance à deux corps
Chambre à coucher en marqueterie. Commodes anciennes
Vitrines, Piano à queue d'Érard
Beaux Tapis en satin de Chine brodés

COSTUMES ORIENTAUX ET EUROPÉENS

Anciennes Tapisseries

DONT LA VENTE AURA LIEU

HOTEL DROUOT, SALLE N° 5

Le Mercredi 26 Janvier 1887

A DEUX HEURES

COMMISSAIRE-PRISEUR	EXPERT
Me PAUL CHEVALLIER	M. CHARLES MANNHEIM,
10, rue de la Grange-Batelière, 10	7, rue Saint-Georges, 7

EXPOSITION PUBLIQUE : Le Mardi 25 Janvier 1887

DE UNE HEURE A CINQ HEURES

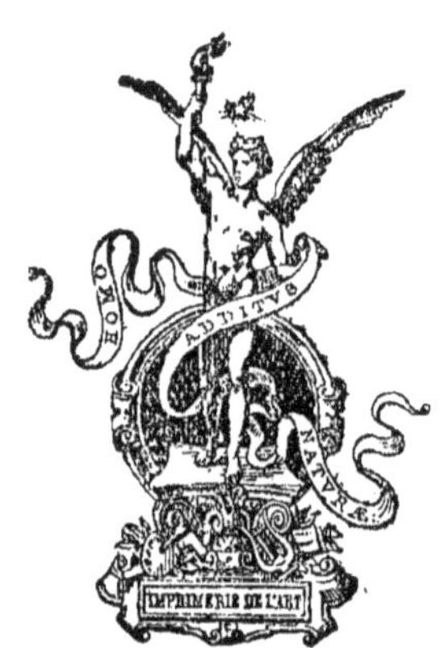
HOMO
ADDITVS
NATVRÆ
IMPRIMERIE DE L'ART

CATALOGUE

DES

OBJETS D'AMEUBLEMENT

ET CURIOSITÉS

Objets de vitrine, Boîtes, Bijoux, Sculptures, Porcelaines

Miniatures par J. Isabey

TABLEAUX, DESSINS, GOUACHES

PAR DIAZ, PORTAIL, CARESME

BRONZES D'ART ET D'AMEUBLEMENT

Pendules, Cartels, Chenets, Appliques Louis XVI

Statuettes et Groupes en bronze, Pendules Louis XV, Petits lustres

MEUBLES

Meuble de Salon couvert en tapisserie d'Aubusson

Sièges, Coffre vénitien, Grande Armoire flamande

Meuble Renaissance à deux corps

Chambre à coucher en marqueterie. Commodes anciennes

Vitrines, Piano à queue d'Érard

Beaux Tapis en satin de Chine brodés

COSTUMES ORIENTAUX ET EUROPÉENS

Anciennes Tapisseries

DONT LA VENTE AURA LIEU

HOTEL DROUOT, SALLE N° 5

Le Mercredi 26 Janvier 1887

A DEUX HEURES

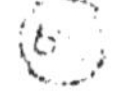

COMMISSAIRE-PRISEUR	EXPERT
Me Paul CHEVALLIER	M. Charles MANNHEIM,
10, rue de la Grange-Batelière, 10	7, rue Saint-Georges, 7

Exposition publique : Le Mardi 25 Janvier 1887

DE UNE HEURE A CINQ HEURES

CONDITIONS DE LA VENTE

Elle sera faite au comptant.

Les acquéreurs paieront, en sus des adjudications, *cinq pour cent* applicables aux frais.

L'Exposition mettant le public à même de se rendre compte de l'état des objets, il ne sera admis aucune réclamation une fois l'adjudication prononcée.

Paris. — Imp. de l'Art. E. Ménard et J. Augry
41, rue de la Victoire, 41

DÉSIGNATION DES OBJETS

OBJETS D'ART VARIÉS, CURIOSITÉS

1 — Théière en émail cloisonné de la Chine, à décor de fleurs et d'ornements sur fond bleu clair.

2 — Jolie boîte ovale en ancienne porcelaine de Saxe, finement décorée de sujets galants, encadrés de rocailles gaufrées en relief et entremêlées de fleurs.

3 — Deux dessins à la mine de plomb : enfants endormis, par J. Isabey, signés et datés.

4 — Jolie miniature ovale, par Isabey (signée) : portrait de jeune femme, coiffée d'un chapeau à rubans et le visage encadré d'une voilette de gaze.

5 — Miniature ovale par Isabey, signée et datée 1815 : portrait d'un officier supérieur.

6 — Miniature ovale par Isabey, signée et datée 1814 : portrait de Louis XVIII, en buste, portant un costume de général.

7 — Quatre ornements d'applique en cuivre champlevé, émaillé et doré, représentant des saints personnages.

8 — Médaillon-reliquaire Louis XIII en or, composé de rinceaux et orné d'un petit émail.

9 — Collier en argent doré composé d'éléments en forme de feuillages alternant avec des cabochons grenat.

10 — Miniature ronde sur ivoire : portrait de femme en costume Louis XV.

11 — Deux gobelets coniques en vermeil, formés de figurines à longues jupes.

12 — Boite à mouches Louis XV, en écaille incrustée d'or et d'argent.

13 — Montre-thermomètre en argent.

14 — Boîte ronde avec miniature : portrait de femme.

15 — Cachet en argent émaillé, autre en agate.

16 — Deux cravaches montées en argent.

17 — Épingle de cravate or et camée, bague topaze.

18 — Broche et rosace pierres de couleurs, deux pendants d'oreilles coques de perles entourées de marcassites.

19 — Lot d'agates et de coraux et un coffret en bois.

20 — Dix-huit couteaux de table à manches argent.

21 — L'Amour, statuette en buis sculpté, par Hering.

22 — Petit Faune flûteur, statuette en buis sculpté, par Hering.

23 — Deux lampes en émail cloisonné de la Chine, à ornements polychromes sur fond bleu de ciel.

24 — Deux appliques en fer estampé.

25 — Deux panneaux chinois en bois dur, décorés d'incrustations de nacre.

26 — Douze vitraux modernes à sujets encadrés de verres de couleur.

27 — Pendule de table du XVIe siècle.

28 — Deux vases en spath-fluor montés en bronze.

29 — Coffret en fer du XVIe siècle.

30 — Petit modèle d'armure en cuivre.

31 — Vase en porcelaine fond rose, décorée d'incrustations d'argent, figures et ornements.

32 — Petit vase en porcelaine de Saxe, à décor représentant un Marché d'esclaves, avec pied en bronze.

33 — Chandelier en argent gravé découpé à jour, orné de figurines, porte-drapeaux.

34 — Veilleuse formée d'une statuette de guerrier en bronze ancien, tenant une lampe en argent, et debout sur un socle d'argent avec contre-socle en marbre.

35 — Porte-montre Louis XIV, marqueterie de cuivre et d'écaille.

36 — Bénitier en bois sculpté et deux consoles en pâte dorée.

37 — Lanterne d'antichambre en fer forgé.

38 — Petite potiche couverte en faïence de Nevers, à fond d'émail bleu marbré de blanc.

39 — Potiche couverte en Chine, décor à figures et paysages.

40 — Deux cornets balustres, en Chine, décor bleu à paysage.

41 — Cabaret en porcelaine décorée de Hongrie.

42 — Seize assiettes en vieux Japon, décorées en bleu.

TABLEAUX, DESSINS, GRAVURES

43 — Breughel. *Une Kermesse*, composition animée d'une multitude de figures.

44 — M. Lenzi, 1872 (signé). *Intérieur napolitain; effet de lumière.*

45 — Lancret (d'après). *Le Gascon puni,*

46 — Watteau, de Lille. *Militaires.*

47 — Diaz. *Deux Jeunes Filles orientales,* provenant de la vente Diaz.

48 — Deux gravures en couleur : *les Adieux du Fermier* et *le Départ d'une foire*, par Jubier, d'après J. B. Huet.

49 — JEAURAT. *Conte de La Fontaine*. Gouache.

50 — PORTAIL. *Portrait d'homme*. Crayon et sanguine.

51 — CANA. Deux aquarelles : *Portrait d'homme*.

52 — Aquarelle espagnole : *la Promenade*.

53 — CARESME (PH.), 1780. *Scène villageoise*, dans le goût flamand. Gouache.

54 — ÉCOLE HOLLANDAISE (époque Louis XV). *Les Cinq Sens*, personnifiés par des jeunes femmes diversement occupées.

BRONZES D'ART ET D'AMEUBLEMENT

55 — Pendule du temps de Louis XVI en bronze doré, décorée de trois statuettes : Apollon et Enfants musiciens. Socle en bois noir garni de moulures et d'appliques de bronze.

56 — Deux chenets Louis XVI formés de vases à têtes de satyres posés sur piédestaux ovales, à consoles et guirlandes.

57 — Deux appliques Louis XVI à quatre lumières, en bronze doré.

58 — Pendule grand modèle : la Liseuse.

59 — Petite pendule en marbre blanc enrichi de rinceaux, de feuillages, de moulures, et surmontée d'une figurine de Cupidon en bronze ciselé et doré. Cadran émaillé.

60 — Deux flambeaux assortis à la pendule qui précède, composés chacun d'une figurine d'Amour supportant la lumière, en bronze doré, et placée sur socle cannelé de marbre blanc, garni de tigettes et d'un tore de laurier en bronze.

61 — Œil-de-bœuf du temps de Louis XVI, en bronze ciselé et doré, à décor de perles, de branches de laurier et de rubans. Cadran portant le nom de Bouchet, à Paris.

62 — Cartel Louis XVI en bronze doré, modèle à vase et guirlandes de laurier. Cadran au nom de Béliard, horloger du Roy.

63 — Baromètre de même modèle que le cartel qui précède.

64 — Groupe en bronze ancien : l'Enlèvement de Déjanire, par le Centaure Nessus.

65 — Deux statuettes grotesques, en bronze de style chinois : les Gymnasiarques.

66 — Deux lampes supportées chacune par une statuette de Silène, d'après l'antique du musée de Naples.

67 — Grande pendule Louis XV, en marqueterie de cuivre, garnie de bronzes, figures et ornements rocaille.

68 — Deux grands vases en porcelaine, surmontés de bouquets formant candélabres en bronze.

69 — Petit lustre en cuivre, de style gothique, à dix-huit lumières disposées sur trois rangs ; il est enrichi de contreforts et de statuettes, et surmonté d'un dragon.

70 — Deux statuettes en bronze, à patine brune : les Lutteurs, d'après Canova.

71 — Suspension en bronze de style antique, formée d'un vase à chevaux marins.

72 — Apollon, bronze Louis XIV.

73 — Deux sphinx en bronze.

74 — Deux petites agrafes de mur, de style Louis XVI.

75 — Deux flambeaux, style Louis XV.

76 — Deux bronzes : les Baisers de *Houdon*.

77 — Napoléon, bronze sur socle de marbre rouge.

78 — Petite pendule de l'Empire.

MEUBLES — SIÈGES

79 — Canapé et six fauteuils anciens, peints en blanc et recouverts en tapisserie d'Aubusson, à figures et lambrequins sur les dossiers, et à sujets d'animaux et guirlandes de fleurs sur les sièges.

80 — Fauteuil Louis XV, en noyer sculpté, recouvert en tapisserie d'Aubusson.

81 — Deux sièges marquises, à dossiers ovales, en bois de noyer sculpté, à rais de cœur, rubans en hélice et cordons de perles, recouverts en soie brochée du temps de Louis XVI, à fleurs et rubans, et rehauts d'or et d'argent.

82 — Coffre vénitien, cassone, à façade convexe, décoré d'ornements peints et dorés, et de compartiments en forme de frises, peintures du XVIe siècle, combat de chevaliers et sujets de chasse, et médaillons à armoiries supportées par des enfants.

Ameublement de chambre à coucher, en bois de placage, à facettes, décoré en marqueterie de bois clair, à rinceaux et feuillages, avec cuivres ciselés.

Il se compose de :

83 — Un lit avec sa garniture, sommier garni en étoffe rouge.

84 — Table de nuit.

85 — Commode à trois tiroirs, garnis intérieurement de satinette rouge.

86 — Secrétaire contenant une caisse de sûreté de *Fichet.*

87 — Étagère à trois tablettes, surmontée d'une glace à biseau, glissant à coulisse dans le fond du meuble.

88 — Console indienne en bois dur entièrement sculpté et ajouré, à décor de rinceaux fleuris.

89 — Écran en noyer sculpté de style Louis XIV, avec feuille à deux faces tendues de tapisserie au petit point.

90 — Panneau d'ancienne tapisserie flamande, représentant un paysage avec cavaliers en costume Louis XIII.

91 — Armoire à deux portes décorées de portiques en mosaïque de bois et à montants sculptés, pilastres et consoles.

92 — Grande armoire flamande du XVIIe siècle, en noyer et marqueterie de bois, ouvrant à deux portes pleines décorées de colonnes annelées. La corniche à groupe de fruits et mascarons, portant la date 1681, est surmontée de trois statuettes.

93 — Grande commode Louis XVI, à angles coupés, en acajou moucheté garni de consoles, de pentes de feuillages, de moulures et d'anneaux de tirage en bronze ciselé et doré. Dessus en marbre griotte.

94 — Deux fauteuils italiens en bois de noyer sculpté Louis XV, couverts en velours avec applications lamées argent.

95 — Meuble Renaissance à deux corps et à fronton, décoré sur les quatre vantaux de cartouches sculptés. Les montants sont formés de pilastres cannelés.

96 — Commode Louis XV en bois satiné, garnie de cuivres et à dessus de marbre griotte.

97 — Deux vitrines étroites de forme Louis XV, en palissandre et bois satiné, marquetés à damiers, avec appliques en cuivre.

98 — Boiserie peinte en blanc avec glace surmontée d'un trumeau peint en grisaille, allégorie signée *C. Kuipers, 1786.*

99 — Pendule en bois sculpté et doré du temps de Louis XVI, modèle à vases de fleurs, palmes et rubans.

100 — Petite table-bureau à pieds cannelés, garnie de bronzes ciselés et dorés : vases de fleurs, draperies, moulures et ornements Louis XVI.

101 — Piano d'Érard, à queue, en palissandre.

102 — Miroir italien dans un cadre en bois sculpté et doré, composé de larges feuilles d'enroulements et de rubans.

ÉTOFFES BRODÉES

103 — Portière en satin crème de la Chine, à figures et large bordure de festons de fleurs en broderie de soie.

104 — Portière algérienne à ornements brodés en soie, rehaussés de fils d'or et d'argent.

105 — Tapis de velours grenat décoré de fleurs-arabesques en broderies d'or circonscrites par un cordonnet bleu.

106 — Ancien tapis en soie cerise, brodé à fleurs et feuillages en soie jaune et blanche.

107 — Tapis en satin de Chine saumon, richement brodé en soie de couleur, entouré de franges de soie à grilles.

COSTUMES

108 — Costume de toréador blanc et or, cinq pièces : veste, gilet, maillot, toque, manteau.

109 — Costume dame espagnole, quatre pièces : corsage velours noir, jupe brocart d'or Louis XV, tablier dentelle d'or, mantille dentelle d'or.

110 — Magnat hongrois blanc, trois pièces : tunique à passementerie d'or, maillot à passementerie d'or, toque velours vert avec aigrette et passementerie d'or.

111 — Magnat hongrois noir : tunique drap noir à passementerie d'or, maillot à passementerie d'or, toque velours noir à passementerie d'or.

112 — Manteau de mosquée, sultane, velours violet brodé soie et argent.

113 — Costume de princesse égyptienne, deux pièces : jupe et corsage soie grise, avec larges broderies d'or.

114 — Robe chinoise, soie brodée.

115 — Costume de Tcherkesse, trois pièces : tunique drap blanc bordée soie et argent, dessous soie rouge, pantalon drap vert.

116 — Costume François Ier, pourpoint bleu, broderie d'or ancienne, et manteau peluche et satin.

117 — Chambellan de l'Impératrice, Ier Empire, habit rouge brodé or, ancien.

118 — Habit de général italien, drap noir brodé or, ancien.

TAPISSERIES

119 — Portière en ancienne tapisserie, verdure.

120 — Ancienne tapisserie à figures.

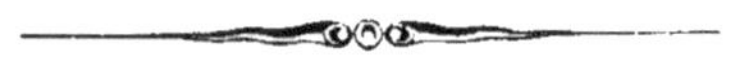

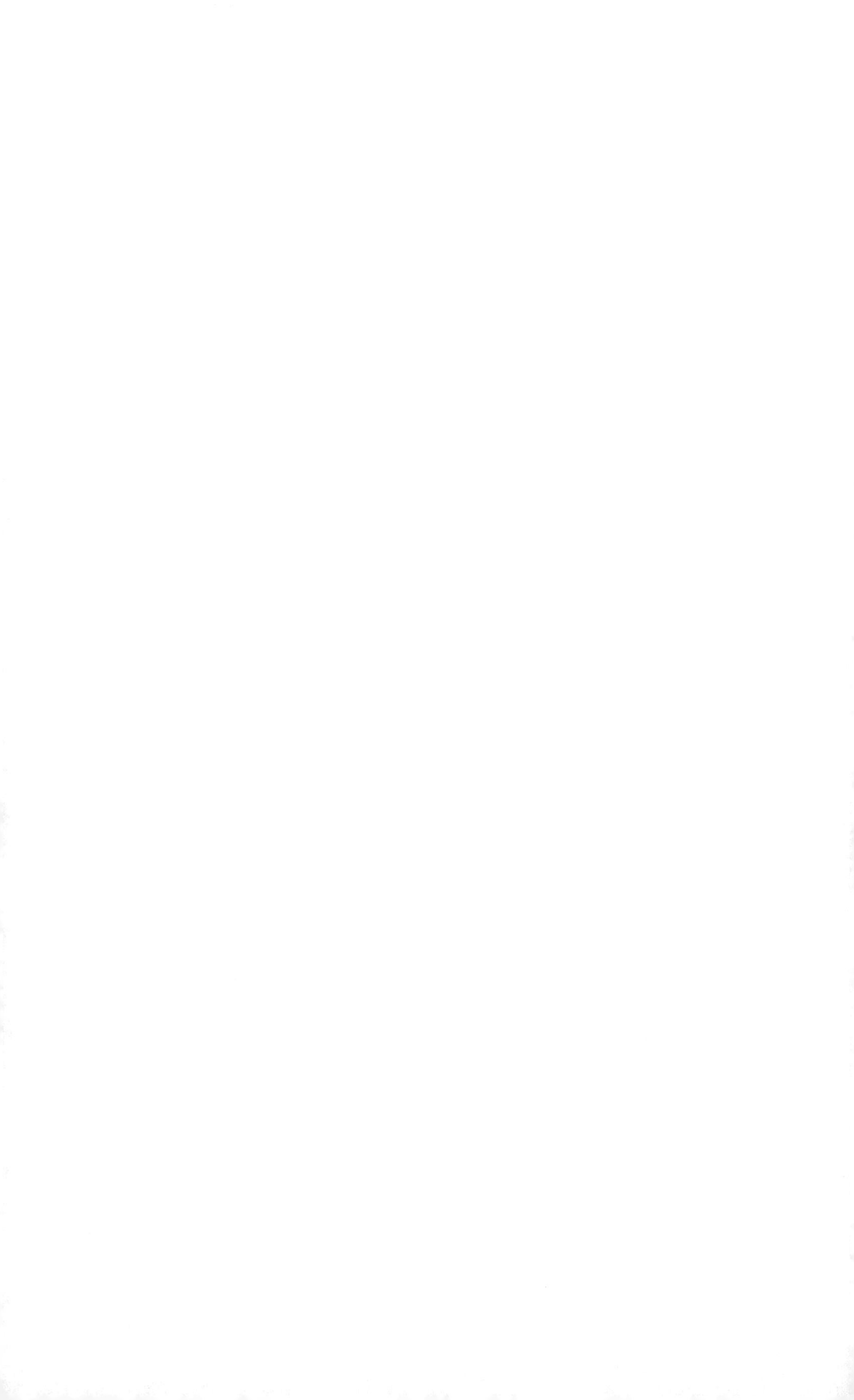

www.ingramcontent.com/pod-product-compliance
Lightning Source LLC
LaVergne TN
LVHW010216230826
846091LV00008BB/3546

* 9 7 8 2 3 2 9 5 1 5 1 9 9 *